Der Wandel in der psychologischen Ethik

Nele Knauff

Bibliografische Information der Deutschen Nationalbibliothek:

Die Deutsche Nationalbibliothek verzeichnet diese Publikation in der Deutschen Nationalbibliografie; detaillierte bibliografische Daten sind im Internet über http://dnb.d-nb.de abrufbar.

ISBN: 9783346515254
Dieses Buch ist auch als E-Book erhältlich.

Druck und Bindung: Books on Demand GmbH, Norderstedt Germany
Gedruckt auf säurefreiem Papier aus verantwortungsvollen Quellen

Das vorliegende Werk wurde sorgfältig erarbeitet. Dennoch übernehmen Autoren und Verlag für die Richtigkeit von Angaben, Hinweisen, Links und Ratschlägen sowie eventuelle Druckfehler keine Haftung.

Das Buch bei GRIN: https://www.grin.com/document/1139639

Hamburger Fern-Hochschule

Psychologie B.Sc.

Hausarbeit
Der Wandel in der psychologischen Ethik

Modul Klinische Psychologie I (KL1)

Herbstsemester

Inhaltsverzeichnis

Einleitung

Psychologie und Ethik haben viele gemeinsame Schnittpunkte, vor allem in der Forschung und der Anwendung (Wirtschaftspsychologische Gesellschaft, 2021). Im Rahmen der Literatur des Moduls wird vor allem Bezug auf die klinische Praxis genommen, die folgende Hausarbeit wird hingegen die psychologische Forschung behandeln, da auch sie in der Geschichte einen umfassenden Wandel erlebte.

Im Laufe der Zeit erlangte die psychologische Forschung eine größere Sichtbarkeit in der Gesellschaft und stieß eine immer wiederkehrende Debatte um die ethische Vertretbarkeit der psychologischen Forschung an (Felnhofer & Heurix, 2011, S. 35). Besonders drei Experimente der Psychologie gelten als Fehltritte, die für die Wichtigkeit der ethischen Themen sensibilisieren. Darunter das Milgram Experiment von Stanley Milgram, das Stanfort Prison von Philip Zimbardo und das Experiment um Little Albert von John B. Watson (Felnhofer & Heurix, 2011, S. 36ff.).

Nach der Definition von Moral und Ethik werden die drei Experimente im Rahmen der Hausarbeit dargestellt und anhand der Entwicklung ethischer Richtlinien im Hinblick auf das heutige Regelwerk reflektiert, um so die Frage zu beantworten, welchen Einfluss der Wandel der psychologischen Ethik auf die Durchführung von Experimenten hat.

Definition von Moral und Ethik

Das Wort Moral hat seinen Ursprung in der lateinischen Sprache und wurde vom Wort „moralis" als „die Sitten betreffend" übersetzt. Es gelten also Werte und Regeln als moralisch, die in einer Gesellschaft allgemein anerkannt sind. Der Begriff „Moral" wird mittlerweile auch dazu benutzt, um eine gute Einstellung zu beschreiben (Bundeszentrale für politische Bildung, 2021).

Die Ethik gilt als philosophisches Teilgebiet, das die Moral als einen wichtigen Gegenstand ansieht (Simon, 2001, S. 3). Das Wort Ethik stammt ursprünglich vom griechischen Wort „ethos" ab, was als „Sitte" oder „Brauch" übersetzt wird, allgemeiner ausgedrückt stellt die Ethik die gegebene oder vorgefundene menschliche Natur dar. Besonders geprägt wurde der Begriff von Aristoteles, Sokrates und weiteren Philosophen, die einen Grundstein für das heutige Denken und Handeln legten. Als Ziel verfolgten sie allgemeingültige Werte und Normen für das Zusammenleben zu schaffen (www.businesson.de, 2013).

Ethik lässt sich in drei Anwendungsbereiche teilen: normative Ethik, Metaethik und deskriptive Ethik.

Die normative Ethik beschäftigt sich mit grundlegenden Normen des menschlichen Verhaltens und versucht diese rational zu begründen.

Von der normativen Ethik ausgehend werden zwei weitere Formen unterschieden: Die Metaethik gilt als Wissenschaftstheorie der Ethik, sie fokussiert nicht mehr das Handeln an sich, sondern dessen Urteile.

Im Rahmen der deskriptiven Ethik werden moralische Phänomene ohne jegliche moralische Wertung betrachtet und beschrieben (Alfred Simon, S. 6).

Auch die Psychologische Ethik wird den Bereichsethiken zugeordnet (Pieper & Thurnherr, 1998, S. 9). Im Rahmen der Psychologischen Ethik ist man sich über das hohe, freiheitsgefährdende Manipulationspotential bewusst und versucht dahingehend der Verantwortung der Psychologie gegenüber Menschen gerecht zu werden (Pieper & Thurnherr, 1998, S. 11).

Geschichte der psychologischen Forschung
Little Albert – John B. Watson

Im Experiment zum Thema „Conditioned Emotional Reactions" von John B. Watson und Rosalie Rayner fungierte Albert B. 1920 als Versuchsperson. Zum Zeitpunkt der Hauptuntersuchung war er elf Monate alt und galt als gesund und gut entwickelt (Watson & Rayner, 1920, S. 1).

Als Grundlage des Experiments diente die klassische Konditionierung und sollte belegen, dass Ängste und Phobien Lernprozessen zugrunde liegen (Dorsch, 2016).

Im Alter von neun Monaten wurde Albert zum ersten Mal untersucht. Im Rahmen dessen wurden ihm eine weiße Ratte, ein Hase, ein Hund, ein Affe, Masken mit und ohne Haare, Baumwolle und eine brennende Zeitung gezeigt. Alle Gegenstände sah er zu diesem Zeitpunkt das erste Mal, er zeigte bei der Präsentation der Tiere und Gegenstände keine Angstreaktion (Watson & Rayner, 1920, S. 1). Des Weiteren wurde Albert das erste Mal mit dem schlagenden Hammer gegen eine Metallstange konfrontiert. Dieses Geräusch löste in ihm Angst aus und wurde für das Hauptexperiment als unkonditionierter Reiz verwendet (Watson & Rayner, 1920, S. 1).

Die Hauptuntersuchung begann mit der Konfrontation einer weißen Ratte und dem zeitgleichen Hammerschlag, sobald Albert seine Hand in Richtung der Ratte ausstreckte, um diese zu berühren. Darauf reagierte er mit Angst und weinte. Dieses Verfahren wurde über zwei Sitzungen sieben Mal wiederholt, was darin resultierte, dass im Folgenden die bloße Konfrontation ohne das Schlagen des Hammers in Angstreaktion mündete (Watson & Rayner, S. 1f.).

Zusätzlich wollte Watson herausfinden, ob Angst generalisierbar ist. Dafür präsentierte er Albert in den nächsten Sitzungen einen Hasen, einen Hund, Baumwolle, eine Maske und weitere pelzige Objekte. Die Konfrontation erfolgte teilweise mit und ohne den Hammerschlag und zeigte, dass die alleinige Konfrontation mit den Tieren und Objekten Angstreaktionen hervorruft. Erfolgt die Konfrontation zusätzlich mit dem Geräusch, tritt eine verstärkte Angstreaktion auf (Watson & Rayner, 1920, S. 3).

Watson und Rayner zeigten mit dem Experiment an Albert B., dass Angst konditionierbar ist und generalisiert werden kann. Nach Beendigung ihrer Untersuchung sollte es zur „Re-konditionierung" kommen, damit sich Albert weiterhin altersgerecht entwickeln kann. Dies blieb allerdings aus, da das Kind dem Krankenhaus und somit auch der Untersuchung entzogen wurde (Watson & Rayner, 2011, S. 3).

Milgram Experiment – Stanley Milgram

Das Milgram-Experiment wurde 1961 vom amerikanischen Sozialpsychologen Stanley Milgram durchgeführt. Als Basis seines Experiments sah er die Tatsache, dass in der Zeit des Nationalsozialismus von 1933 bis 1945 Millionen Menschen systematisch umgebracht wurden (Milgram, 1982, S. 17). Ein solches Ausmaß ist auf den Gehorsam als psychologischen Mechanismus zurückzuführen, der individuelles Handeln an politische Zwecke bindet (Milgram, 1982, S. 17). Beobachtungen lassen vermuten, dass Gehorsam eine Verhaltenstendenz darstellt, die ethisches Empfinden und das Moralverhalten überlagert (Milgram, 1982, S. 17).

Im Verlauf der Geschichte zeigt sich immer wieder, dass Menschen im Falle eines Befehls in der Lage sind, andere Menschen umzubringen, weil sie sich verpflichtet fühlen, einen Befehl auszuführen (Milgram, 1982, S. 18).

Auf dieser Basis untersuchte Milgram, wie lang sich Versuchspersonen Anordnungen des Versuchsleiters fügen, bevor sie den Befehl verweigern und die geforderte Handlung nicht durchführen (Milgram, 1982, S. 19).

Für seine Untersuchung gewann Milgram einen Querschnitt männlicher Bürger von New Haven im Alter von 20 bis 50 Jahren als Versuchspersonen (Milgram, 1982, S. 31ff.).

Pro Durchführung des Experiments wurde eine uneingeweihte Versuchsperson benötigt. Die Rolle des Versuchsleiters und des Opfers, beziehungsweise des Schülers war festgelegt, wobei der Versuchsleiter von einem leidenschaftslosen und streng wirkenden Biologielehrer einer Highschool porträtiert wurde und das Opfer durch einen 47-jährigen Buchhalter, der als freundlich und liebenswürdig eingeschätzt wurde (Milgram, 1982, S. 32f.).

Die Aufgabe bestand darin, dass der Schüler Assoziationspaare bilden soll, dafür wurde ihm eine Reihe von Wortpaaren durch die Versuchsperson vorgelesen (Milgram, 1982, S. 35). Die Versuchsperson fungierte im Experiment als Lehrer und hatte neben dem Vorlesen der Wortpaare auch die Aufgabe, dem Schüler bei jeder falschen Antwort einen elektrischen Schock zu verabreichen. Als Schlüsselbefehl galt, dass der Schock bei jeder falschen Antwort erhöht werden sollte (Milgram, 1982, S. 37). Die Schockstärke reichte von 15 bis 450 Volt (Milgram, 1982, S. 36). Alle Laute und Worte des Opfers waren einer Voltstufe zugeordnet. Diese reichten von leichtem Knurren ab Stufe 75 Volt, über die Bitte des Abbruchs ab 150 Volt, bis hin zum Verstummen ab 330 Volt (Milgram, 1982, S. 40).

Vor der Verabreichung eines jeden Schocks sollte die Stärke laut genannt werden, um die wachsende Steigerung noch zu verdeutlichen.

Erreichte die Versuchsperson die letzte Stufe von 450 Volt, befahl der Versuchsleiter, die Aufgabe unter der Spannung von 450 Volt fortzufahren (Milgram, 1982, S. 37). Erst nach zwei weiteren Versuchen wurde der Versuch durch den Versuchsleiter abgebrochen (Milgram, 1982, S. 37). Im Laufe des Experiments hatte der Versuchsleiter die Aufgabe, die Versuchsperson mit „anspornenden" Bemerkungen zum Weitermachen zu motivieren. Die Bemerkungen waren in vier Sätze kategorisiert, weigerte sich die Versuchsperson nach dem vierten Satz weiterzumachen, galt das Experiment als beendet.

Als Ergebnis stellte Milgram fest, dass 65% der Versuchspersonen den Befehlen folgten und das Experiment nicht abbrachen, sobald die Schockstärke erreicht war, zu der der Schüler um den Abbruch des Versuchs bittet (Goddemeier, 2008). Das Experiment von Milgram zeigt, dass sich die Menschen des Versuchs in einer Spannung zwischen ethischem Verhalten, das ihnen seit der Kindheit vorgab, andere Menschen nicht zu verletzen und dem Befehl einer Autoritätsperson zu gehorchen, befinden. Letztlich überwiegt aber die Tendenz der Gehorsam das ethische Empfinden (Milgram, 1982, S. 57 ff.).

Stanford Prison – Philip Zimbardo

Für sein Experiment, das die Kraft von sozialer Macht, die Menschen erhalten, wenn sie als Autoritätsperson auftreten, und das daraus folgende Verhalten untersuchen sollte, wählte Philip Zimbardo eine homogene Gruppe von 24 gesunden, männlichen Studenten (Haney, 1973, S. 69).

Sie wurden zufällig der Gruppe der Wärter und Gefangenen zugeordnet, sodass beide Gruppen die gleiche Anzahl an Teilnehmer besaßen (Haney, 1973, S. 73). Die Wärter waren in ihrem Verhalten ohne Limitation gegenüber den Gefangenen (Haney, 1973, S. 72).

Das Experiment fand im Keller der Stanfort University statt, das in ein Gefängniskomplex umgebaut wurde (Haney, 1973, S. 73f.).

Um die Autorität der Wärter zu unterstreichen, wurden diese in Uniformen gekleidet und trugen eine Pfeife, Schlagstöcke und Sonnenbrillen, um Augenkontakt zu vermeiden (Haney, 1973, S. 75). Die Gefangenen hingegen trugen lediglich Kittel, Gummisandalen und eine Kette um ein Fußgelenk. Jeder von ihnen trug eine Identifikationsnummer, um Anonymität zu wahren. (Haney, 1973, S. 75).

Die Uniformen der Wärter sollten ihre Kraft und Kontrolle widerspiegeln, die Kleidung der Gefangenen hingegen die Abhängigkeit und Unterwürfigkeit (Haney, 1973, S. 75f.).

Nach lediglich sechs Tagen musste das Experiment abgebrochen werden. Zuvor waren bereits fünf Gefangene entlassen worden, da sie unter extremen Depressionen, Wut und Angst litten (Haney, 1973, S. 81). Generell zeigten sich sowohl bei Wärtern als auch bei Gefangenen eine negative Entwicklung in ihrer Verhaltensweise. Beide Seiten traten sich negativ, feindselig, beleidigend und entwürdigend gegenüber, wobei Gefangene eine passive Rolle und die Wärter eine aktive Rolle übernahmen (Haney, 1973, S. 80).

Im Rahmen des Experiments kam es zu keiner physischen Gewalt, stattdessen waren es verbale Beleidigungen und Befehle, die als zwischenmenschlichen Kontakt zwischen Wärtern und Gefangenen beobachtet wurden (Haney, 1973, S. 80f.). Nach Abbruch des Experiments war der Großteil der Wärter betrübt, sie genossen die Macht ihrer Rolle (Haney, 1973, S. 81). Das Verhalten der Wärter war allerdings konträr. Einerseits wurde die Macht ausgenutzt und ein Teil ging über die Rolle hinaus und bediente sich an Grausamkeiten und Belästigungen den Gefangenen gegenüber. Andererseits verhielt sich ein Teil der Wärter fair, ohne die gegebene Rolle auszunutzen (Haney, 1973, S. 81).

Zimbardo konnte mit seinem Experiment aufzeigen, dass Macht und die Rolle einer Autoritätsperson innezuhaben, sadistisches und negatives Verhalten hervorrufen, auch wenn dieses vorher nicht als Charaktereigenschaft bekannt war (Hanley, 1973, S. 89).

Entwicklung der ethischen Landschaft

Bereits seit den Nürnberger Ärzteprozessen im Jahr 1974 gibt es universelle ethische Regelwerke, die bis heute Gültigkeit ausweisen und als Grundlage ethischer Entscheidungen dienen (Felnhofer & Heurix, 2011, S. 34). Die Festlegung ethischer Richtlinien in der Psychologie erfolgte erst Mitte des 20. Jahrhunderts als Folge des erhöhten psychologischen Bewusstseins (Felnhofer & Heurix, 2011, S. 35). Das erste Regelwerk wurde 1952 von der American Psychological Association (APA) mit dem Namen „Ethics Code of Conduct" veröffentlicht (Felnhofer & Heurix, 2011, S. 41). Das Ziel des Ethics Code ist der Schutz des Wohlergehens derjenigen, die mit Psychologinnen und Psychologen arbeiten und die ethische Reflexion der Psychologie zu fördern (Felnhofer & Heurix, 2011, S. 42).

Der Ethics Code wird von folgenden Leitlinien getragen: Wohltätigkeit und Schadensfreiheit, Treue und Verantwortung, Integrität, Gerechtigkeit, Achtung der Rechte und Würde des Menschen (Felnhofer & Heurix, 2011, S. 42).

In Europa wurde 1995 der Meta-Code of Ethics von der European Federation of Psychologists' Associations/EFPA veröffentlicht. Er dient als Grundlage für psychologisches Arbeiten europaweit und gilt als Vorbild für nationale Richtlinien (Felnhofer & Heurix, 2011, S. 42). Der EFPA-Meta-Code besteht aus vier Grundprinzipien: Achtung der Rechte und Würde einer Person, Kompetenz, Verantwortung und Integrität (Felnhofer & Heurix, 2011, S. 42).

Auf Grundlage der Richtlinien der APA und EFPA veröffentlichte die Deutsche Gesellschaft für Psychologie (DGP) mit dem Berufsverband Deutscher Psychologinnen und Psychologen (BDP) 1995 eigene Richtlinien (Felnhofer & Heurix, 2011, S. 42).

Berufsethische Richtlinien

Die Rahmenbedingungen für psychologische Forschung und Publikation sind in den berufsethischen Richtlinien des Berufsverbandes Deutscher Psychologinnen und Psychologen e.v. und der Deutschen Gesellschaft für Psychologie e.v. in Kapitel 7 „Psychologie in Forschung und Lehre" festgelegt (DGPs, 2016).

Für diese Hausarbeit ist besonders wichtig, dass sie die Grundlage für die Forschung mit Menschen legen. Darüber hinaus regeln sie die Aufklärung und Einwilligung von Probandinnen und Probanden, normen den Umgang mit Täuschungen und bestimmen über die förmliche Bewilligung.

Unterliegt ein Forschungsprojekt einer ethischen Bewilligung, müssen vor der Durchführung präzise Informationen geliefert werden. Erst mit der Bewilligung darf das Projekt mit dem bewilligten Vorgehen durchgeführt werden (DGPs, 2016).

Im Rahmen einer psychologischen Forschung darf die Würde und Integrität der Teilnehmenden nicht gefährdet werden (DGPs, 2016).

Die Einwilligung zur Teilnahme gilt als Voraussetzung zur Durchführung der Forschung. Dahingehend muss unter anderem über den Zweck der Forschung, die möglichen Risiken, negative Auswirkungen und den Erkenntnisgewinn aufgeklärt werden (DGPs, 2016).

Die Rolle der Ethikkommission

Zusätzlich zu den Rahmenbedingungen durch die berufsethischen Richtlinien, werden Forschende durch die Ethikkommission unterstützt und begleitet.

Die Ethikkommission begutachtet die ethische Vertretbarkeit von Zielen und Verfahrensweisen eines Forschungsvorhabens und optimiert diese (DGPs, 2021).

Darüber hinaus hat die Ethikkommission eine reglementierende Funktion inne, diese fordern eine stärkere Regelung von Vorgehensweisen und Aufdeckung sowie Ahndung von Verstößen (Ebert & Kryspin-Exner, 2011, S. 62).

Mittlerweile verlangen bereits einige wissenschaftliche Journals vor der Publikation eine Registrierung, die jedoch nur mit der Erfüllung bestimmter ethischer Ansprüche einhergeht (Ebert & Kryspin-Exner, 2011, S. 62).

Betrachtung der Experimente unter ethischen Richtlinien

Die oben beschriebenen Experimente gelten bis heute als ethisch fragwürdig. Im folgenden Kapitel werden sie unter den heute geltenden ethischen Richtlinien reflektiert.

Das, im Jahr 1919 durchgeführt Experiment an Albert B. durch John B. Watson und Rosalie Rayner ist zum ersten bezüglich des geringen Alters Alberts bedenklich, genauso möglichen Entwicklungsstörungen als Folgen des Experiments (Felnhofer & Heurix, 2011, S. 36). Des Weiteren ist das Ziel des Experiments ein kritischer Punkt. Es versucht durch immer wiederkehrende Situationen, die Angstreaktionen auslösen, zu belegen, dass Angst konditioniert werden kann (Felnhofer & Heurix, 2011, S. 37). Darüber hinaus fehlte vor der Durchführung des Experiments die Aufklärung der Versuchsperson, beziehungsweise aufgrund des jungen Alters die Aufklärung der Erziehungsberechtigten. Eine Zustimmung zum Ziel und Ablauf des Experiments ist heute ohne eine Aufklärung nicht mehr möglich (Felnhofer & Heurix, 2011, S 37).

Nach der Durchführung des Experiments von Stanley Milgram, stand dies hauptsächlich in Bezug auf die Täuschung der Probanden in der Kritik. Diese willigten zwar der Teilnahme an der Studie ein, allerdings waren die Bedingungen aufgrund der Täuschung nicht bekannt (Felnhofer & Heurix, 2011, S. 39). Die resultierenden Symptome des starken Stresses, aufgewühltem Gemütszustand und der Gewissenskonflikte, die in eine kurzzeitige Traumatisierung münden, sind auf die Täuschung zurückzuführen (Felnhofer & Heurix, 2011, S. 38). Zwar werden auch heutzutage psychologische Experimente auf Grundlage von Täuschungen durchgeführt, jedoch müssen immer der Nutzen und mögliche Nachteile reflektiert werden (Felnhofer & Heurix, 2011, S. 39). Im Fall des Milgram-Experiments rechtfertigt der Nutzen nicht den hervorgebrachten Schaden (Felnhofer & Heurix, 2011, S. 38f.). Zusätzlich setzte Milgram seine Probanden einem hohen Stresslevel aus, das er aufgrund von vorangegangenen Pilotstudien bereits beobachten konnte und dahingehende Schädigungen akzeptierte (Felnhofer & Heurix, 2011, S. 38).

Das Experiment von Philip Zimbardo zum Thema Autorität und soziale Macht wurde vor der Durchführung von einer amerikanischen Human Subject Review Board auf die gültigen ethischen Richtlinien geprüft und genehmigt (Felnhofer & Heurix, 2011, S. 40).

Zusätzlich sollen die Teilnehmer laut Zimbardo über die aufgehobenen Bürgerrechte im Versuchskontext gewusst haben (Felnhofer & Heurix, 2011, S. 40).

Dennoch wird den Forschern vorgeworfen, dass der Ausbruch von Gewalt vorhersehbar und sogar geplant gewesen war (Felnhofer & Heurix, 2011, S.40). Zusätzlich fehlte auch in dieser Studie die Aufklärung der Teilnehmer, so konnten sie durch die vorliegenden Informationen den Verlauf und die möglichen Schäden nicht vorhersehen (Felnhofer & Heurix, 2011, S. 40).

Das Experiment stellt in seinem Verlauf eine Verletzung der Autonomie und Würde der Teilnehmer dar und lässt die Frage offen, wie der wissenschaftliche Nutzen gegenüber den entstandenen Kosten der Teilnehmer zu rechtfertigen ist (Felnhofer & Heurix, 2011, S. 40).

Fazit

Der Ursprung des psychologischen Wandels ist unter anderem auf das erhöhte psychologische Bewusstsein der Gesellschaft zurückzuführen (Felnhofer & Heurix, 2011, S. 35). Darauf folgt die Entwicklung einer ersten Richtlinie 1952 in Amerika, die als Vorlage für folgende Richtlinien in Europa und Deutschland 1995 dienen (Felnhofer & Heurix, 2011, S. 41).

Diese Richtlinien legen seitdem feste Rahmenbedingungen für die psychologische Forschung, dessen Durchführung erst nach umfassenden Prüfungen möglich wird (DGPs, 2016).

Darüber hinaus erhalten Forschende in ihren Vorhaben Unterstützung durch die Ethikkommission in Bezug auf die ethische Vertretbarkeit der Ziele und Verfahrensweisen. Entsprechen diese nicht dem Regelwerk, erhalten Forschende Optimierungen, die das Forschungsvorhaben möglich machen (DGPs, 2021).).

Zusätzlich zu festgelegten Richtlinien fordern auch immer mehr wissenschaftliche Journals das Einhalten bestimmter ethischer Richtlinien vor der Publikation (Ebert & Kryspin-Exner, 2011, S. 62).

Die Frage dieser Hausarbeit, welchen Einfluss der Wandel der psychologischen Ethik auf die Durchführung von Experimenten hat, lässt dich abschließend folgendermaßen beantworten.

Der Wandel wurde durch ein erhöhtes psychologisches Bewusstsein in der Bevölkerung ausgelöst und sorgte für die Einführung von Richtlinien, welche Forschungsvorhaben auf ethische Vertretbarkeit vor der Durchführung prüfen. Demnach haben die festgelegten Regelwerke als Ergebnis des Wandels den Einfluss auf die Durchführung psychologischer Experimente.

Literaturverzeichnis

Bundeszentrale für politische Bildung (2021). *Moral.* Verfügbar unter
https://www.bpb.de/nachschlagen/lexika/das-junge-politik-lexikon/320812/moral
[07.07.2021].

Deutsche Gesellschaft für Psychologie (2016). *Berufsethische Richtlinien des
Berufsverbandes Deutscher Psychologinnen und Psychologen e.V. und der
Deutschen Gesellschaft für Psychologie e.V.* Verfügbar unter
https://www.dgps.de/index.php?id=85 [24.07.2021].

Deutsche Gesellschaft für Psychologie (2021). *Ethikkommission.* Verfügbar unter
https://www.dgps.de/index.php?id=185#top [03.08.2021].

Dorsch Lexikon der Psychologie (2016). *Kleiner Albert.* Hogrefe. Verfügbar unter
https://dorsch.hogrefe.com/stichwort/kleiner-albert [14.07.2021].

Ebert, A. & Kryspin-Exner, I. (2011). Die drei Ebenen der Ethik in der
psychologischen Forschung: Intention, Institution, Individuum. In A. Felnhofer,
O.D. Kothgassner & I. Kryspin-Exner (Hrsg.), *Ethik in der Psychologie.* (1. Aufl.,
S. 57 – 69). Wien: Facultas-Verlag.

Felnhofer, A. & Heurix, I. (2011). Eine Geschichte der Ethik in der Psychologie. In
A. Felnhofer, O. D. Kothgassner & I. Kryspin-Exner (Hrsg.), *Ethik in der
Psychologie.* (1. Auflage, S. 34 – 44). Wien: Facultas-Verlag.

Goddemeier, C. (2008). *Stanley Milgram: Gehorsam gegenüber Autorität.*
Verfügbar unter https://www.aerzteblatt.de/archiv/61140/Stanley-Milgram-
Gehorsam-gegenueber-Autoritaet [09.07.2021].

Haney, C., Banks, C. & Zimbardo P. (1973). Interpersonal Dynamics in a
Simulated Prison. *International Journal of Criminology and Penology,* 1, 69 -97.

Milgram, S. (1982). *Das Milgram-Experiment: Zur Gehorsamsbereitschaft
gegenüber Autorität.* Reinbeck bei Hamburg: Rowohlt Taschenbuch Verlag
GmbH.

Pieper, A. & Thurnherr, U. (Hrsg.) (1998). *Angewandte Ethik – eine Einführung.*
München: Beck.

Simon, A. (2001). Einführung in die Ethik. In R. Hutterer-Krisch (Hrsg.), Fragen
der Ethik in der Psychotherapie – Konfliktfelder, Machtmißbrauch, Berufspflichten
(S. 3 – 14). Wien: Springer.

Watson, J. B. & Rayner, R. (1920). Conditioned Emotional Reactions. *Journal of
Experimental Psychology, 3* (1), 1 – 14.

Wirtschaftspsychologische Gesellschaft (2021). *Psychologie und Ethik.*
Verfügbar unter https://wpgs.de/fachtexte/wirtschaftspsychologie/psychologie-
ethik/ [13.08.2021].

www.businesson.de Das regionale Wirtschaftsportal (2013). *Definition Ethik –*
System zum Denken und Handeln. Verfügbar unter https://www.business-
on.de/ethik-definition-ethik-_id40857.html#Anker1 [07.07.2021].

BEI GRIN MACHT SICH IHR WISSEN BEZAHLT

- Wir veröffentlichen Ihre Hausarbeit,
  Bachelor- und Masterarbeit

- Ihr eigenes eBook und Buch -
  weltweit in allen wichtigen Shops

- Verdienen Sie an jedem Verkauf

Jetzt bei www.GRIN.com hochladen
und kostenlos publizieren